El parque

por Helen Gregory

Consultora:
Adria F. Klein, Ph.D.
California State University, San Bernardino

capstone
classroom
Heinemann Raintree • Red Brick Learning
division of Capstone

Es hora de ir al parque.

Podemos jugar en el parque.

Podemos sentarnos y conversar en el parque.

Podemos oler las flores en el parque.

Podemos caminar por los senderos en el parque.

Podemos sentarnos en un banco en el parque.

Podemos dar de comer a los animales en el parque.

Podemos dar de comer a los peces en el parque.

Podemos trepar en el parque.

Podemos columpiarnos en el parque.

Podemos andar en bicicleta en el parque.

Podemos deslizarnos en el parque.

Podemos merendar en el parque.

Podemos asar malvaviscos en el parque.

¡Podemos celebrar un cumpleaños en el parque!